WURMZUCHT & WURMKOMPOST FÜR ANFÄNGER

DER PRAKTISCHE LEITFADEN FÜR DIESE
EINZIGARTIGE FORM DER NATÜRLICHEN
KOMPOSTIERUNG

AARON "WORMS" JONES

INHALT

Vorwort v
Einführung ix

1. Kompostierung 1
2. Vorteile 5
3. Was Sie benötigen 11
4. Welche Würmer eignen sich am besten? 19
5. Nahrungsmittel und Fütterung 25
6. Anlage der Farm 35
7. Kleine und große Wurmfarmen 39
8. Vermikompostierung 51
9. Kontrolle der Population 59
10. Probleme und Problembehebung 65
11. Kompostierung und Komposttee 77
12. Wurmzucht als Unternehmen 83
13. Tipps und Tricks zum Erfolg 93
    Nachwort 99
    Dankeschön 103
14. Ressourcen 105

VORWORT

Hallo, mein Name ist Aaron "Worms" Jones und ich bin Mitglied von The Brothers Green.

Wir – The Brothers Green – sind eine Gruppe von Freunden (mit „grünem Daumen"), die alles lieben, was mit dem Gartenbau zu tun hat. Unsere Mission besteht darin, Ihnen bei allen Aspekten des Kultivierens, der Pflege, der Kompostierung ... nun ja, eben bei allen Aspekten der guten alten Gartenarbeit mit Rat und Tat zur Seite zu stehen!

Innerhalb unserer kleinen Gruppe bin ich der Experte für das Thema Wurmzucht und Kompostierung. Möglicherweise haben Sie sich für dieses Buch entschieden, weil Sie mehr über dieses Thema erfahren möchten. Vielleicht suchen Sie auch nach einer konkreten Anleitung für die Gestaltung Ihrer bereits existierenden Wurmfarm ...

... Oder Sie sind einfach ein Garten-Fan und möchten gerne einige zusätzliche Tipps erhalten, um Ihre Fähigkeiten weiterzuentwickeln.

Was auch immer Ihre Motivation ist: **Ich möchte Ihnen dafür danken, dass Sie sich für dieses Buch entschieden haben.**

Mit diesem Buch möchte ich Ihnen all mein Wissen weitergeben, welches ich mir zum Thema Wurmzucht angeeignet habe. Von den Vorteilen der Vermikompostierung über unsere neuen kleinen Freunde bis hin zum Umgang mit eventuell auftretenden Problemen, die Sie mit Ihrer Wurmfarm haben können. Fahren Sie mit Ihrer Lektüre fort, um zahlreiche Tipps und Tricks zu erhalten.

Kompost, der durch Kompostierungswürmer entstanden ist, nennt man Vermikompost und kultiviertes Kompostmaterial wird als Wurmausscheidungen (oder Wurmexkremente) bezeichnet.

-Ed Hubbard-

EINFÜHRUNG

Wurmzucht | Vermikultur (Vermikompostierung) | Wurmkompostierung

In einfachen Worten beschreiben diese Begriffe den Prozess der Verwertung organischer Stoffe mit Hilfe von Regenwürmern.

Doch warum sollte sich jemand für eine „*Wurmzucht*" interessieren?

Zunächst einmal machen sich immer mehr Menschen Gedanken um unsere Umwelt. Da die menschliche Bevölkerung immer weiter anwächst, nimmt auch die Umweltverschmutzung immer mehr zu. Wir haben uns nicht gut um Mutter Natur gekümmert und haben uns an einen Lebensstil gewöhnt, der nicht nachhaltig ist.

Doch glücklicherweise suchen immer mehr Menschen nach Möglichkeiten, wie sie etwas bewirken können. So sind wir immerhin etwas besser darin geworden, unsere Abfälle zu reduzieren und ordnungsgemäß zu recyceln.

Auch das Interesse an der Wurmzucht wird zunehmend größer. Hierbei handelt es sich um eine hervorragende Möglichkeit, um den Druck auf Mülldeponien zu verringern, da Würmer die Erde wunderbar düngen können. Es mag kaum zu glauben sein, doch einige wichtige Wurmpopulationen sind im Schwinden begriffen. Landwirte verwenden viele Chemikalien und Pestizide, um ihre Pflanzen anzubauen. Regenwürmer können mit diesen Chemikalien nicht umgehen und sterben langsam aus. Was die Situation noch schlimmer macht, ist die Tatsache, dass Erdwürmer auf natürliche Weise zum Anbau der Pflanzen beitragen.

Durch die Wurmzucht können die Würmer überleben und für einen besseren und nachhaltigeren Planeten sorgen. Neben diesen großartigen Vorteilen gibt es noch viele weitere Gründe, sich mit diesem Hobby zu beschäftigen. Schauen wir uns nachfolgend einige Aspekte an ...

Spaß

Dieses Hobby macht viel Spaß. Sie müssen sich damit nicht den ganzen Tag beschäftigen und zudem ist es sehr entspannend. Die anfallenden Kosten sind ebenfalls recht gering. Viele Menschen macht dieses Hobby geradezu süchtig und dies führt uns zum nächsten Aspekt ...

Unternehmen

Einige Leute beginnen die Wurmzucht als Hobby, doch im Laufe der Zeit entwickelt sich diese zu einer Geschäftsmöglichkeit. Der Dünger, den die Würmer auf natürliche Art und Weise produzieren, ist sehr gefragt. Er ist reich an Mineralien und lässt Pflanzen gedeihen. Neben der gesunden und natürlichen Erde, die Sie erzeugen und verkaufen können, besteht auch Interesse an den Würmern selbst. Im Rahmen einer Wurmzucht kann eine Wurmpopulation sehr schnell gedeihen. Innerhalb Ihrer Wurmfarm gibt es keine natürlichen Feinde, die zur Kontrolle der Population beitragen. Viele Menschen beginnen deswegen damit, ihre überschüssigen Würmer an Leute zu verkaufen, die Fischköder benötigen …

Fischwirtschaft

Würmer werden seit langem als Fischköder eingesetzt. Wenn Sie viel angeln gehen und Köder benötigen, dann ist es möglicherweise besser, eine Wurmfarm zu haben. Dies ist auf lange Sicht viel billiger und nicht sehr zeitintensiv.

Würmer werden im Allgemeinen als schleimige und eklige Lebewesen angesehen, doch sie haben eine sehr wichtige Aufgabe. Da sich heutzutage immer mehr Menschen mit dem Thema Umwelt und Umweltschutz beschäftigen, ist diese Tatsache immer mehr Menschen bewusst geworden.

EINFÜHRUNG

Eine weitere großartige Eigenschaft dieses Hobbys ist, dass es nicht viel Platz benötigt. Eine Wurmzucht ist wunderbar, wenn Sie einen großen Garten haben, doch Sie können dieses Hobby auch ausüben, wenn Sie nur über einen Balkon oder eine Wohnung verfügen.

Es handelt sich bei der Wurmzucht um eine einfache Möglichkeit, um Pflanzenerde für Ihren eigenen Garten zu produzieren. Auf diese Weise müssen Sie keine Obst- oder Gemüsereste wegwerfen, denn diese Lebensmittelreste eignen sich perfekt für Ihre autarke Wurmfarm.

Charles Darwin studierte 38 Jahre lang Würmer. Im Jahre 1881 veröffentlichte er kurz vor seinem Tod sogar ein Buch mit seinen Ergebnissen. Kurz bevor er starb, sagte er, dass Regenwürmer die wichtigsten Lebewesen auf dem Planeten seien.

-Wormfarmguru.com-

1

KOMPOSTIERUNG

Kompostierung und Wurmzucht sind Aktivitäten, die Hand in Hand gehen. Wir alle können dabei mehr über die Umwelt erfahren und Abfall sparen, der sonst auf Mülldeponien landen würde. Wenn Sie und Ihre Familie organische Abfälle haben, können Sie diese mit Hilfe der Kompostierung recyceln. Die Würmer in Ihrer Wurmfarm werden diese organischen Abfälle fressen und das, was sie zurücklassen, kann als Dünger verwendet werden.

Dieser Dünger hilft Ihren Pflanzen beim Wachsen. Die frischen Lebensmittel, die Sie dadurch erhalten, schmecken unglaublich lecker.

Schauen wir uns nun einige Dinge an, die Sie berücksichtigen müssen:

. . .

Feuchtigkeit

Komposthaufen sollten feucht sein. Dies bedeutet jedoch nicht, dass sie viel Wasser benötigen. Zu viel Feuchtigkeit kann das Gleichgewicht des Komposthaufens stören.

Belüftung

Unter Belüftung versteht man den Vorgang des „Drehens" des Komposthaufens. Dies ist ein wichtiger Schritt, da auf diese Weise Sauerstoff in alle Bereiche des Komposthaufens gelangen kann. Organisches Material kann sich schneller zersetzen, wenn Sauerstoff dorthin gelangen kann.

Kohlenstoff und Stickstoff

Komposthaufen benötigen ein ausgewogenes Verhältnis von Kohlenstoff und Stickstoff. Ein gutes Gleichgewicht wird normalerweise durch eine Mischung aus organischem Material und Grasabfällen erreicht.

Schädlinge und Krankheiten

Die Kompostierung ist eine großartige Möglichkeit, um Pflanzenkrankheiten und Schädlinge fernzuhalten. Bei der Kompostierung müssen Sie keine im Laden gekauften Düngemittel hinzufügen. Diese können nicht nur teuer sein, sondern auch schädliche Chemikalien enthalten.

Durch die Kompostierung werden gefährliche Abfälle oder Giftstoffe auf natürliche Weise entfernt.

Dies war ein kleiner Blick auf die Vorteile der Kompostierung und deren Zusammenhang mit der Wurmzucht. In unsere Böden gelangen so viele Chemikalien und andere gefährliche Substanzen, die zur Umweltverschmutzung beitragen. Speisereste und andere organische Abfälle können auf natürliche und gesunde Weise verwendet werden, um der Umwelt zu helfen. Durch Wurmfarmen können wir alle ein besseres Leben haben.

Im Vergleich zu regulärem Kompost hat Vermikompost mehr antibiotische Eigenschaften gegen Pathogene und enthält mehr natürliche Pflanzenwachtumshormone.

-Ed Hubbard-

2

VORTEILE

Der Verdauungsprozess von Würmern trägt dazu bei, die Bodenqualität zu verbessern. Was daran wirklich erstaunlich ist, ist die Tatsache, dass alles auf natürliche Weise stattfindet. Keine schädlichen oder künstlichen Substanzen werden dazu benötigt.

Immer mehr Gärtner und Gartenfans beginnen damit, sich diese Vorteile der Wurmzucht zunutze zu machen. In diesem Kapitel wollen wir uns diese Vorteile näher ansehen.

Natur und Umwelt

Eine Wurmzucht ist großartig für unsere Umwelt, Gärten und Haushalte. Viele Regierungen und große Unternehmen produzieren derzeit auf eine Art und Weise, dass Treibhausgase freigesetzt werden. Diese Gase tragen zur globalen Erwärmung bei und machen den Planeten instabiler. Wenn Sie Ihre organischen Abfälle in einer Wurmfarm kompostieren, tragen Sie tatsächlich zur Bekämpfung dieser Gase bei.

Dies ist eine Möglichkeit, um dem natürlichen Kreislauf der Natur zu folgen. Pflanzen und Lebensmittel wachsen, werden verzehrt und kehren dann wieder in die Erde zurück. Der Kreislauf des Lebens. So können wir sicher sein, dass wir unseren Planeten und unseren Körper nicht mit schädlichen Chemikalien verschmutzen.

Recycling

Das Recycling Ihrer Bioreste mit Hilfe Ihrer Wurmfarm ist eine großartige Möglichkeit, um Dünger und Bodenverbesserungsmittel herzustellen. Die Würmer verwandeln Ihre organischen Abfälle in Vermicast (Wurmdung). Dieser Wurmdung schafft äußerst nährstoffhaltige Erde, die größere und gesündere Obst- und Gemüsesorten sowie Pflanzen produzieren kann. Samen können so effektiver keimen und mehr Blumen und Früchte produzieren.

Der auf diese Weise erzeugte Boden ist von ausgezeichneter Qualität. Es gibt viele chemische Düngemittel, die tatsächlich Pflanzen und Boden schädigen können. Diese werden ebenfalls mit Hilfe der oben genannten Treibhausgase erzeugt. Wurmdung ist völlig natürlich und ungiftig. Er verbessert zudem die Belüftung des Bodens, sodass die Luft freier strömen kann und ermöglicht es dem Erdboden, Wasser besser zurückhalten zu können. Dies bedeutet, dass

Pflanzen nicht so viel Wasser benötigen, um zu wachsen. Dies ist äußerst vorteilhaft für Gebiete, in denen nicht so viel Regen fällt und in denen das Wasser knapp ist.

Wurmdung erzeugt keine üblen Gerüche und ist ungiftig. Sie müssen sich keine Sorgen über üble Gerüche machen, die vom Wurmkot ausgehen. Es ist eher ein angenehmer, erdiger Geruch.

Einsparungen und Freude

Eine Wurmzucht zu betreiben macht viel Freude! Besonders für Familien, die eine Wurmfarm besitzen, ist dies ein Highlight. Kinder werden von diesen kriechenden Lebewesen fasziniert sein. Es ist eine einfache Möglichkeit, um ihnen mehr über die Themen Verantwortung und Umweltschutz beizubringen. Eine Wurmzucht ist ein Riesenspaß für die ganze Familie.

Eltern müssen auch keine Angst haben, dass es bei diesem Hobby giftige Stoffe oder Substanzen gibt. Kinder oder Tiere riskieren keine Verletzungen. Das Gleiche gilt jedoch nicht für chemische Düngemittel, die häufig in Gärten verwendet werden.

Sobald Sie sich mit der Wurmzucht beschäftigen, werden Sie Teil einer neuen Gemeinschaft. Es macht viel Spaß, sich mit anderen „Wurmbauern" auszutauschen und Kontakte zu knüpfen. Sie können Erfahrungen austauschen und sich gegenseitig dabei helfen, in Ihrem Hobby besser zu werden oder sogar ein Unternehmen zu gründen.

. . .

Einsparmöglichkeiten

Die Wurmzucht ermöglicht Ihnen auch einige Einsparungen. Neben der von Ihnen geleisteten Umwelthilfe können Sie auch eine Menge Müllsäcke sparen, die Sie sonst hätten kaufen müssen. Menschen mit großen Gärten müssen sich auch keine Gedanken mehr über den Kauf von Dünger machen.

Für diejenigen, die gerne angeln gehen, ist der Kauf von Ködern nicht mehr erforderlich. Ihre Wurmkolonie wird schnell wachsen! Ein Wurm und seine Nachkommen können in einem Jahr über 1.500 Würmer produzieren. Viele nutzen diesen Überschuss an Würmern als Fischköder.

66

Würmer sind schleimig. Tatsächlich sondern sie Schleim ab und dieses Sekret enthält Stickstoff. Aus diesem Grund sind Würmer kriechende Düngemittel. Der Wurmschleim kann Ihre Erde in Klumpen verwandeln, die man als "Aggregate" bezeichnet. Aggregate sind bei der Pflanzenzucht äußerst begehrt.

-Uncle Jim-

3

WAS SIE BENÖTIGEN

Wie ich bereits erwähnt habe, kann jeder eine Wurmfarm gründen. Das Hobby ist leicht zu betreiben und die damit verbundenen Kosten sind nicht sehr hoch. Viele Gärtner fühlen sich besonders von der Wurmzucht angezogen, da diese nicht viel Zeit in Anspruch nimmt und für andere Teile der Gartenarbeit förderlich ist. Vermikompost lässt Ihre Pflanzen und Gemüse größer werden und sorgt dafür, dass diese lebendiger und gesünder aussehen.

Lassen Sie uns nun einen Blick auf die Dinge werfen, die Sie benötigen, um mit der Wurmzucht zu beginnen. Es mag Sie überraschen, doch es ist wahrscheinlich, dass Sie viele der unten aufgeführten Dinge bereits haben. Wenn nicht, können sie sehr einfach online bestellen oder in Ihrem örtlichen Fachgeschäft kaufen.

. . .

Würmer

Würmer sind das Zentrum Ihrer Farm. Sie erledigen die komplette Arbeit von ganz alleine. Würmer führen ein einfaches Leben des Fressens, Kompostierens und sich Vermehrens. Sie müssen lediglich sicherstellen, dass die Umgebung Ihrer Würmer die richtigen Bedingungen beibehält und den Rest machen die Würmer. Diese langsamen Esser brauchen nur etwas organischen Abfall und ein wenig feuchten Erdboden und schon sind sie glücklich und produktiv. Normalerweise werden für die Wurmzucht Rotwürmer und Stinkwürmer verwendet. In Kapitel 4 werden wir näher darauf eingehen, welche Arten von Würmern für Ihre Farm am besten geeignet sind.

Die restlichen Dinge, die Sie für Ihre Farm benötigen, drehen sich um das, was Ihre Würmer brauchen.

Ein einfacher Behälter

Die meisten Wurmfarmer entscheiden sich für einen Holz- oder Kunststoffbehälter. Dies ist normalerweise die beste Option. Einige Leute benutzen Metallbehälter, doch die meisten Experten sagen, dass dies dazu führen kann, dass Verunreinigungen in den Kompost gelangen. Und solche Verunreinigungen sind nicht gut für den Wurmzuchtprozess.

Aus optischen Gründen sind durchsichtige Plastikvorratsbehälter großartig. In jeden Behälter, den Sie verwenden, müssen Abflusslöcher gebohrt werden. Diese sollten sich an den Seiten und am Boden des Behälters befinden. Es ist auch möglich, spezielle Behälter für die Wurmzucht online zu kaufen. Ich habe unten eine Liste erstellt, in der einige Vor- und Nachteile zu jedem Behälter näher erläutert sind.

Kunststoff (beliebteste und häufigste Option):

- Ein Plastikbehälter ist „nicht saugfähig", sodass überschüssiges Wasser nur schwer abfließen kann.
- Plastikbehälter sind jedoch sehr leicht zu reinigen.
- Sie benötigen möglicherweise mehr Abflusslöcher, um zu verhindern, dass die Farm zu feucht wird.

Holz:

- Holzbehälter nehmen viel überschüssiges Wasser auf.
- Sie müssen einige Abflusslöcher hinzufügen, aber nicht zu viele, da das Wasser gut abfließen sollte.
- Achten Sie darauf, dass die Farm nicht zu trocken wird.

Metall:

- Metallbehälter sind ebenso wie Kunststoffbehälter nicht saugfähig. Dadurch kann überschüssiges Wasser nicht ablaufen.
- Außerdem bestehen Risiken in Bezug auf Rost und der Freisetzung von Schwermetallen.
- Sie müssen zusätzliche Ablauflöcher hinzufügen, um den Feuchtigkeitsgehalt zu verbessern.

Karton:

- Wurmfarmen aus Pappe nehmen viel überschüssiges Wasser auf.
- Sie können jedoch auseinanderfallen und verrotten, wenn der Feuchtigkeitsgehalt zu hoch ist.

Abdeckung für den Behälter

Nachdem Sie sich für einen Behälter entschieden haben, benötigen Sie auch einen Deckel dafür. Würmer bevorzugen es, im Dunkeln zu sein. Wenn Sie Ihre Farm also an einer dunklen Stelle mit einer Abdeckung aufbahren, werden diese glücklich und gesund sein. Der Deckel kann aus dem gleichen Material wie Ihr Behälter (z. B. Kunststoff) oder aus Zeitung oder Sackleinen bestehen.

. . .

Einstreu-Material - *Zeitung oder Pappe*

Die besten Materialien für die Einstreu sind Zeitung und Pappe. Sie müssen die Zeitung bzw. die Pappe in Streifen von etwa 2 cm Länge zerreißen. Außerdem sollte die Einstreu feucht sein. Zu den alternativen Optionen gehören Strohkompost, Grasschnitt, Sägemehl, trockene Blätter, Sackleinen und alter Kompost. Alle Arten von "mattem" Papier sind gut geeignet. Hochglanzpapier oder alles, was mit Kunststoff oder Wachs beschichtet ist, ist keine gute Idee. Solche Arten von Papier können schädliche Toxine enthalten, die den Kompostierungsprozess beeinträchtigen.

Es ist wichtig, dass die Einstreu richtig eingefüllt wird, da die Würmer darin leben. Die Einstreu sollte locker genug sein, damit die Würmer atmen und sich in ihrem „Zuhause" gut bewegen können.

Bioabfälle - *Gemüse- und Obstreste oder abbaubare Produkte wie Eierkartons und Teebeutel sind ebenfalls großartig*

Abfälle wie die oben genannten eignen sich hervorragend für eine Wurmfarm. Sie sollten vorsichtig sein, wenn Sie Abfälle von Tieren verwenden, da diese Verunreinigungen enthalten können. Dies könnte dazu führen, dass unerwünschte Schädlinge in Ihrer Farm brüten und das von Ihnen geschaffene Ökosystem schädigen. Ich werde später in Kapitel 5 detaillierter beschreiben, was genau in Ihrer Farm gefahrlos nutzbar ist und was nicht.

Würmer bestehen zu 90% aus Wasser.
Im Vergleich dazu bestehen wir
Menschen zu ca. 75% aus Wasser.

-Wormfarmguru.com-

4

WELCHE WÜRMER EIGNEN SICH AM BESTEN?

Der Höhepunkt einer Wurmfarm sind natürlich die Würmer.

Doch welche Art von Würmern sollten Sie verwenden?

Sie haben tatsächlich die Möglichkeit, draußen Würmer zu sammeln. Es ist am besten, in ein Waldgebiet zu fahren, nachdem es geregnet hat, und dort ein wenig Erde auszugraben. Doch nicht alle Würmer eignen sich gut zum Kompostieren. Der gewöhnliche Erdwurm zum Beispiel ist kein wirksamer Kompostwurm. Er gräbt sich gerne tiefer in die Erde ein und Ihre Wurmfarm wird wahrscheinlich nicht diese Tiefe haben. Diese Würmer lassen sich anhand ihrer Länge und Farbe identifizieren. Gewöhnliche Erdwürmer sind relativ lang und sehen blass aus. Es ist nützlich, dass Sie die richtige Art von Würmern in Ihrer Wurmfarm haben. Werfen wir nun einen Blick auf einige beliebte Optionen.

Riesen-Rotwürmer

Eisenia foetida/andrei 5 cm - 10 cm

Riesen-Rotwürmer eignen sich hervorragend für Wurmfarmen. Sie werden auch oft als Rote Laubfresser bezeichnet. Sie lieben es, mehr Zeit an der „Oberfläche" der Erde zu verbringen, was perfekt für die Wurmkompostierung ist.

Riesen-Rotwürmer vermehren sich leicht und versorgen den Boden mit vielen Nährstoffen. Sie sind zudem sehr widerstandsfähig, da sie unterschiedlichen Temperaturen und engen Räumen standhalten können. Rotwürmer sind dazu in der Lage, viele Abfallstoffe zu verarbeiten, wodurch eine Menge Boden angereichert werden kann.

Gemeiner Regenwurm

Eisenia hortensis 7,5 cm - 20 cm

Dies ist eine weitere Wurmart, die häufig für die Wurmzucht verwendet wird. Sie sind ein beliebter Lebendköder und werden oft als Vogel- oder Fischfutter verwendet. Die Regenwürmer können ebenfalls bei der Kompostierung helfen.

. . .

Roter Regenwaldwurm

Lumbricus rubellus 2,5 cm - 10 cm

Die meisten roten Regenwaldwürmer eignen sich sehr gut für die Kompostierung. Rote Regenwaldwürmer sind gemeinen Regenwürmern sehr ähnlich, aber normalerweise etwas kleiner. Sie sind ebenfalls langlebig und können einen kalten Winter überstehen. Sie sind ebenfalls eine beliebte Option für die Wurmzucht.

Blauwürmer

Perionyx excavatus 2,5 cm - 7,5 cm

Blauwürmer sind eine kürzere und dickere Wurmart und kommen häufiger in tropischen Gebieten vor. Dies macht sie zu einer großartigen Option, wenn Sie in einer Region leben, in der die Temperaturen häufig über 30 Grad Celsius liegen.

Afrikanische Würmer

Eudrilus eugeniae 15 cm und größer als 20 cm

Afrikanische Würmer sind die größten Würmer, die ich erwähnen möchte. Sie können am meisten Kompost produzieren, da sie am größten sind. Sie sind eine gute Wahl für ein tropisches Klima.

Die oben genannten Würmer eignen sich hervorragend für Wurmfarmen und Gärten. Diese Würmer düngen und reichern den Erdboden wundervoll an. Es gibt Tausende von Regenwurmarten, die oben genannten werden jedoch am häufigsten zur Vermikompostierung verwendet. Sie sind leicht zu bekommen und entweder als Jungtiere oder bereits ausgewachsen erhältlich. Es ist sogar möglich, Wurmeier zu kaufen. Es gibt oft mehrere Würmer in einem Ei.

Die Würmer sind der wichtigste Teil einer Wurmfarm. Sie sind es, die das System zum Laufen bringen und eine Farm erfolgreich machen.

Es gibt ca. eine Million verschiedene Wurmarten.

-DK Science-

5

NAHRUNGSMITTEL UND FÜTTERUNG

Welche Arten von Lebensmitteln und Abfällen können Sie Ihrer Wurmfarm geben?

Würmer gedeihen sehr schnell, wenn sie eine Mischung aus Sauerstoff und Stickstoff zum Fressen bekommen. Dies schafft ein ausgewogenes Biosystem und ermöglicht es der Farm, mit maximaler Kapazität zu produzieren. Doch was bedeutet das eigentlich? Kohlenstoff ist in zerkleinertem Papier, Pappe und Zeitung enthalten. Stickstoff ist in Speiseresten wie Obst und Gemüse enthalten.

Würmer fressen gerne fast alle rohen veganen Lebensmittel. Auch alle "grünen" Stoffe sind auf der Wurmfarm herzlich willkommen. Tierische Produkte wie Fleisch, Knochen oder Milchprodukte sollten Sie jedoch nicht auf Ihrer

Wurmfarm einsetzen. Diese tierischen Stoffe werden normalerweise nicht von Würmern verzehrt und stellen ein höheres Risiko in Bezug auf die Aufnahme von Schadstoffen für Ihre Wurmzucht dar.

Viele Anfänger glauben, dass sie die Lebensmittel oder Abfälle für ihre Wurmzucht zerkleinern müssen. Dies ist nicht erforderlich, da die Mikroorganismen bereits selbst dazu beitragen, alles zu erweichen und abzubauen. Der Kompostierungsprozess kann jedoch durch Zerkleinern der Abfälle beschleunigt werden. Viele Anfänger werden auch schon bald feststellen, dass bestimmte Samen aus ihren Farmen zu sprießen beginnen. Wenn Ihnen das nichts ausmacht, dann gibt es kein Problem, doch wenn es Ihnen etwas ausmacht, dann achten Sie einfach darauf, dass Sie die Samen zerkleinern, bevor Sie sie hineinlegen.

Es ist wichtig, dass Sie darauf achten, dass Sie nicht zu viele Lebensmittelabfälle hinzufügen. Wenn Sie zu viel Nahrung hinzufügen, entsteht eine Mischung, die für die Würmer nicht gut ist. Dies erzeugt zudem üble Gerüche und erhöht das Risiko, dass Schädlinge Ihre Farm übernehmen. Dies sollte Sie jedoch nicht davon abschrecken, eine Wurmfarm aufzubauen. Die meisten Haushalte haben nicht genug Abfälle, um ihre Wurmfarmen zu ernähren. Glücklicherweise passen sich die Wurmpopulationen an die Umgebung an, in der sie sich befinden. Dadurch bleibt das Bevölkerungswachstum auf einem konstanten Niveau. Wir werden dies in Kapitel 9 (Kontrolle der Population) genauer untersuchen.

Es ist gut, die Mischung aus Wurmfutter umzurühren. Auf diese Weise kann sich Sauerstoff in der gesamten Wurmfarm ausbreiten und Sie können den Feuchtigkeitsgehalt besser einschätzen. Wenn die Mischung zu feucht ist, dann fügen Sie mehr Einstreu und Papierreste hinzu. Wenn die Mischung zu trocken ist, fügen Sie etwas Wasser hinzu. Viele Besitzer fügen ihren Farmen auch etwas Gartenerde hinzu, was den Würmern dabei hilft, die Lebensmittelabfälle besser zu verdauen.

Es gibt zwei Techniken, wenn es um die Wurmfütterung geht:

1. Fütterung von oben

Dies ist ein sehr einfacher Vorgang. Sie legen die organische Substanz einfach direkt auf die aktuelle Schicht der Einstreu. Dann wird typischerweise eine weitere Schicht Einstreu darüber gelegt. Das Ganze wird jedes Mal wiederholt, wenn eine Fütterung stattfindet.

2. Taschenfütterung

Die Taschenfütterung ist eine großartige Möglichkeit, um eine Überfütterung Ihrer Wurmfarm zu verhindern. Hierbei handelt es sich um eine Technik, bei der Sie nur eine kleine Menge Essensreste in der Einstreu in einem Bereich der Farm hinzufügen. Einige Tage später drehen Sie den Behälter etwas und machen dasselbe an einer anderen Stelle. Dieser Vorgang wird solange wiederholt, bis alle Stellen des Behälters befüllt worden sind. Dies gibt den Würmern die Möglichkeit, die Futtertaschen richtig zu zersetzen, ohne dass Teile der Lebensmittel verderben.

Es ist eine tolle Idee, eine Kombination aus beiden Methoden zu verwenden. Denken Sie auch immer daran, Essensreste mit Einstreu zu bedecken. Fruchtfliegen und Parasiten werden von freiliegenden Früchten und Lebensmittelabfällen angezogen.

Werfen wir nun einen Blick auf einige Dinge, die eine tolle Ergänzung zu Ihrer Farm darstellen.

Lebensmittel, die Sie Ihren Würmern zum Fressen geben können

- Vegetarische Speisereste und Schalen
- Kartoffelschalen
- Obstreste
- Schimmeliges Brot
- Kaffeesatz
- Papierfilter
- Teebeutel
- Eierschalen
- Kartons und Eierkartons
- Blätter
- Pferde- und Kuhmist

Auch diese Lebensmittel können Sie Ihren Würmern überraschenderweise zum Fressen geben:

- Trockenes Haustierfutter (für Hunde, Katzen und Fische)
- Haare
- Finger- und Fußnägel
- Vogeldung
- Staub (auch aus dem Staubsauger)
- Korken
- Gebrauchte Streichhölzer
- Tote Pflanzen und Blumenerde
- Inhalte von Konservendosen, die abgelaufen oder schlecht geworden sind (Marmelade etc.)
- Baumwolllappen

Diese Lebensmittel können Sie in Maßen Ihren Würmern zum Fressen geben:

 Bananenschalen

Bananenschalen verrotten sehr langsam und dies kann ein Risiko für Ihre Wurmzucht darstellen. Es ist am besten, Ihren Würmern nur organische Materialien zum Fressen zu geben. Nicht-organische Materialien können Pestizide enthalten, die Ihre gesamte Wurmzucht töten können.

 Zitrusfrüchte

Diese Früchte haben einen starken Geruch und Geschmack, den Würmer nicht so gerne haben. Ich empfehle Ihnen, Ihren Würmern keine Zitrusfrüchte zum Fressen zu geben. In einer optimalen Wurmzucht sind kleinere Mengen an Zitrusfrüchten jedoch in Ordnung.

 Zwiebeln und Knoblauch

Zwiebeln und Knoblauch haben ebenfalls einen starken Geruch und sind in guten Wurmfarmen in kleinen Mengen in Ordnung.

 Tomaten

Tomaten enthalten ziemlich viel Säure und sollten nur in Maßen hinzugefügt werden.

Diese Dinge sollten Sie Ihren Würmern nicht zum Fressen geben:

 Fleisch, Knochen und Fett
Diese Lebensmittel verderben sehr
schnell und stellen ein Risiko für Ihre Farm dar.

 **Milchprodukte**
Milch, Butter und Käse verderben sehr schnell und
sind keine gute Option.

Ananas und Papaya
Ananas und Papaya enthalten Enzyme,
die Ihre Würmer töten können.

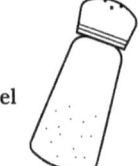

 Sehr salzhaltige und scharfe Lebensmittel
Diese Lebensmittel werden Ihre Würmer töten.

 Grasabfälle
Grasabfälle können Pestizide enthalten, die Ihre Würmer töten können.

 Beschichtetes oder bunt bedrucktes Papier
Beschichtetes oder bunt bedrucktes Papier kann ebenfalls zum Tod
Ihrer Würmer führen.

 Öle und Fette
Würmer atmen durch ihre Haut, was durch Öle und Fette erschwert
oder völlig verhindert wird. Alle Substanzen, die sehr fettig sind, sollten
vermieden werden.

 Seife
Seife tötet Ihre Würmer.

 Saucen in Konserven
Saucen in Konserven verderben sehr schnell und können den
Feuchtigkeitsgehalt Ihrer Wurmfarm durcheinander bringen.

Erdnussbutter
Erdnussbutter wird zum Tod Ihrer Würmer führen.

 Gegenstände, die nicht biologisch abbaubar sind
Kunststoff, Metall und Glas sind nicht gut für Ihre Farm.

 Essig
Essig ist sehr säurehaltig und wird zum Tod Ihrer Würmer führen.

Jeder Wurm frisst pro Jahr 0,6 kg.

-Ed Hubbard-

6

ANLAGE DER FARM

Wie bereits erwähnt, benötigen Sie nicht viel Platz, um eine Wurmfarm anzulegen. Auch wenn Sie in einer kleinen Wohnung ohne Balkon wohnen, ist dieses Hobby durchaus machbar. Wenn Sie eine dunkle Stelle in Ihrer Wohnung für einen kleinen Behälter haben, können Sie sofort loslegen!

Es gibt verschiedene Möglichkeiten, um Ihre Farm einzurichten. Am einfachsten ist es, mit der Grundlage zu beginnen. Bei größeren Wurmfarmen wird eine Betonplatte verwendet, aber zu Beginn ist es perfekt, wenn Sie den Container einfach auf den Boden stellen.

Wenn Sie eine Vergrößerung in Betracht ziehen, können Sie darüber nachdenken, „Schwaden" zu erstellen. Auf diese Weise werden größere Wurmfarmen organisiert. Schwaden sind lange Reihen von Wurmfarmen. So haben Sie einen guten Überblick über Ihre Farm und können mehr Boden düngen.

Das Ganze funktioniert so, dass die Würmer in der ersten Reihe platziert werden. Die Würmer werden dort Gänge hinterlassen und dann mit der zweiten Reihe weitermachen und so weiter. Die Würmer bleiben in der richtigen Reihe, weil wir Ziegel oder Holzbretter verwenden, damit die Würmer eingeschlossen bleiben.

Wenn Sie mit Ihrem ersten Behälter beginnen, ist es wichtig, Ihre Abdeckung nicht zu vergessen. Sie benötigen unbedingt eine Abdeckung, um den Bereich zu beschatten. Würmer mögen kein Licht und produzieren in dunklen und feuchten Bedingungen mehr Kompost.

Zum größten Teil können Sie bei der Gestaltung Ihrer Wurmfarm sehr kreativ sein. Bei der Organisation geht es um Ihre Präferenz und um den Platz, der Ihnen zur Verfügung steht. Probieren Sie verschiedene Möglichkeiten aus. Wenn Sie keine eigene Konstruktion erstellen möchten, können Sie auch fertige Optionen erwerben. Es gibt unzählige Optionen, die in Ihrem Haus, Ihrer Wohnung oder Ihrem Garten verwendet werden können. Viele Menschen mit Häusern entscheiden sich dafür, die Wurmfarmen im Keller aufzubauen. Dort haben sie viel Platz und können die Umgebung anpassen.

Ich habe auch schon gesehen, dass manche Personen kleine Wurmfarmen unter ihrem Spülbecken hatten. Dies funktioniert ebenfalls sehr gut, da es hier größtenteils dunkel ist und organische Abfälle gleich dort gefüttert werden können.

Würmer atmen durch ihre Haut. Die Luft zersetzt den Schleim auf ihrer Haut, weswegen sie eine feuchte Umgebung benötigen, um atmen zu können.

-Journeynorth.org-

7

KLEINE UND GROSSE WURMFARMEN

Eine Wurmzucht kann zu Beginn auf kleinem Raum gestartet werden, kann aber auch in großem Umfang erfolgen. Normalerweise werden große Wurmfarmen von Menschen angelegt, die sich damit ein Geschäft aufbauen möchten. Doch sowohl für kleine als auch für große Wurmfarmen gilt, dass die Einstreu für die Würmer feucht bleiben muss. Wenn Sie in einer sehr sonnigen oder heißen Umgebung leben, sollten Sie versuchen, Ihre Farm vor direkter Sonneneinstrahlung zu schützen. Es ist möglich, täglich oder wöchentlich Abfälle hinzuzufügen. Dies hängt alles von Ihren Bedürfnissen ab und davon, wie viele Abfälle Sie und Ihre Familie erzeugen.

Eine weitere Tatsache, die für kleine und große Betriebe zutrifft, ist, dass Ihre Würmer, wenn sie zum ersten Mal zu fressen beginnen, etwa die Hälfte ihres eigenen Gewichts fressen. Wenn sie sich an ihre Umgebung gewöhnen, erhöhen sie ihren Verbrauch, bis sie Lebensmittel verzehren, die ihrem Gesamtgewicht entsprechen. Ich empfehle Ihnen, Ihren Würmern etwas Zeit zu geben, um die Abfälle zu verbrauchen, bevor Sie Ihrer Farm neue Lebensmittel hinzufügen. Es ist möglich, die neuen Abfälle in einem separaten Bereich Ihres Behälters oder Ihrer Farm zu platzieren. Auf diese Weise bildet sich an einer bestimmten Stelle kein großer Haufen, der nicht richtig verdaut wird.

Nachdem wir uns nun einige allgemeine Themen angesehen haben, die alle Betriebe berücksichtigen sollten, gehen wir nun auf einige Unterschiede zwischen kleinen und großen Betrieben ein.

Kleinbetriebe

Viele Anfänger beginnen ihre Wurmfarmen in kleinerem Maßstab. Dies liegt einfach daran, dass dieses Hobby sehr einfach zu betreiben ist und geringe Kosten verursacht. Ich empfehle Anfängern und kleinen Farmen trotzdem, in ein Auffangfach zu investieren. Dieses Auffangfach sollte unter den Behälter gestellt werden, damit das Wasser dort gesammelt werden kann. Wie bereits erwähnt, haben alle Behälter Abflusslöcher. Ein Auffangfach kann Unordnung und Flecken verhindern. Kunststoffbehälter haben viel mehr Abflusslöcher als Holzbehälter. Holzbehälter nehmen viel Feuchtigkeit und Flüssigkeiten auf, die tropfen können.

Wenn es um die Einrichtung einer kleinen Farm geht, gibt es im Allgemeinen drei Möglichkeiten, um damit zu beginnen.

1. Kontinuierlicher vertikaler Fluss:

Dies ist das anfängerfreundlichste System für Wurmfarmen. Die Behälter sind vertikal aufeinander gestapelt. Die Regulierung des Feuchtigkeitsniveaus ist bei dieser Variante leichter, da ein sehr einfaches Entwässerungssystem vorhanden ist. Die Farm besteht im Allgemeinen aus mindestens drei Ebenen.

- In der untersten Schicht wird das abgeflossene Wasser und der sogenannte Wurmtee gesammelt.
- Die Schicht darüber ist das erste Fach, das mit Abfällen befüllt wird.
- Die oberste Schicht ist zunächst leer und bedeckt.

Die beiden oberen Fächer haben unten jeweils ein Maschensieb. Dadurch können sich sowohl die Würmer als auch das Wasser von einer Schicht zur nächsten bewegen. Sie beginnen nun, indem Sie die mittlere Schicht mit Abfällen füllen. Anschließend machen sich die Würmer an die Arbeit und werden damit beginnen, die Abfälle zu verwerten. Wenn diese Ebene voll ist, können Sie das darüber liegende Fach befüllen. Wenn die Würmer die Schicht, in der sie sich befinden, verwertet haben, bewegen sie sich langsam durch das Netz in die obere Schicht, um mehr Nahrung zu finden. So wird dieser Prozess weitergeführt und die Abfälle werden vollständig verwertet.

Beispiel für einen kontinuierlichen vertikalen Fluss

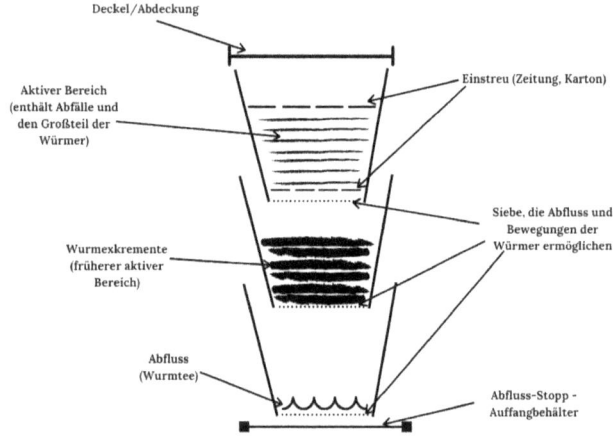

2. Kontinuierlicher horizontaler Fluss:

Dies ist eine weitere Möglichkeit, wie Sie Ihre Wurmfarm einrichten können. Einfach ausgedrückt besteht das System aus einem großen Behälter, der in der Mitte durch ein Netz geteilt ist. Sie sollten jedoch beachten, dass dieser Aufbau eher für einen „fortgeschrittenen" Wurmzüchter geeignet ist. Es ist etwas schwieriger, den Feuchtigkeitsgehalt in einem solchen Behälter zu überwachen.

Die Prinzipien dieses Aufbaus sind dem des vertikalen Flusses sehr ähnlich. Dieses System wurde einfach nur seitlich gedreht. Eine Seite des Behälters ist mit Lebensmittelabfällen gefüllt. Nachdem diese Seite gefüllt ist, wechseln Sie auf die andere Seite. Ihre Würmer folgen dem Essen und kriechen zur neu befüllten Seite.

Beispiel für einen kontinuierlichen horizontalen Fluss

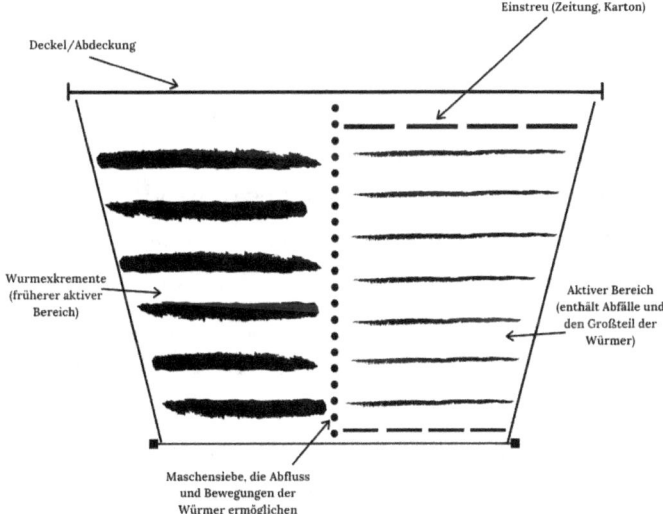

3. Nicht-kontinuierliche Anordnung:

Die letzte Anordnung, die wir uns ansehen, ist die nicht-kontinuierliche Anordnung. Die Systeme, die wir uns vorher angesehen haben, enthielten einen Prozess, bei dem sich die Würmer in Richtung einer neuen Stelle bewegen. Auf diese Weise können Sie Wurmexkremente und gedüngten Boden entnehmen, ohne dabei Würmer auszugraben. Die Würmer bewegen sich ständig von einem Bereich zum anderen. Bei einer nicht-kontinuierlichen Anordnung wird nur ein einzelner Behälter verwendet.

Die Aufteilung im Inneren des Behälters sieht folgendermaßen aus:

- Am Boden des Behälters befindet sich Einstreu, die als Auskleidung verwendet wird.
- Auf der Auskleidung befindet sich organisches Material, das zur Kompostierung verwendet wird.
- Die oberste Schicht besteht aus einer weiteren Schicht Einstreu.

Dies ist die kleinste Anordnung, die Sie erstellen können. Sie kann sehr effektiv und platzsparend sein, doch wenn Sie den fruchtbaren Boden entnehmen wollen, dann müssen Sie den gesamten Behälter entleeren. Das bedeutet, dass Sie die Würmer und alle Materialien in Ihrem Behälter voneinander trennen müssen.

Beispiel für eine nicht-kontinuierliche Anordnung

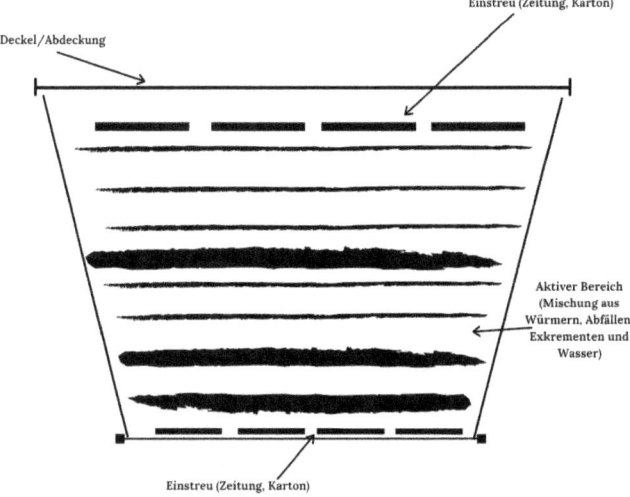

Nachdem wir nun gesehen haben, wie kleinere Wurmfarmen organisiert sind, werfen wir einen Blick darauf, wie das System in größerem Maßstab funktioniert.

Große Wurmfarmen

Der Bau einer großen Wurmfarm ist normalerweise damit verbunden, ein Geschäft aufzubauen. Es gibt zwei Möglichkeiten, um große Wurmfarmen einzurichten.

. . .

1. Schwaden

Ein Schwade wird am häufigsten zum Bau einer großen Wurmfarm verwendet. Es handelt sich hierbei um einen sehr einfachen Prozess, der ganz natürlich ist. Die Würmer erledigen immer noch den größten Teil der Arbeit. Es fallen sehr geringe Startkosten an und Sie benötigen keine spezielle Ausbildung.

Wie funktioniert das Ganze also?

Eine Schwade ist eine lange Reihe, deren Länge je nach verfügbarem Platz variieren kann. Normalerweise ist eine Schwade zwischen 1,5 m und 3 m breit und bis zu 1 m hoch. Das Material einer Schwade besteht aus etwas Einstreu, darauf kommen dann Mist und andere organische Abfälle. Nun kommen die Würmer hinzu und jede Woche wird eine neue Schicht Abfall und Mist hinzugefügt. Dies erhöht allmählich die Höhe der Schwade. Sie müssen jedoch genau auf den Feuchtigkeitsgehalt und auf die Temperatur Ihrer Wurmfarm achten.

Einige Wurmzüchter finden es praktischer, ihre Farmen auf Beton oder anderen harten Oberflächen einzurichten. Auf diese Weise ist es bei Regen einfacher, Ihre Farm zu schützen und zu kontrollieren.

Wurmzüchter, die das Schwadensystem verwenden, vergrößern die Haufen, nachdem sie eine Dicke von ca. 90 cm erreicht haben. Eine neue Schicht wird direkt neben und gegenüber der ersten Reihe erstellt. Ihre Würmer werden nun zu der Stelle kriechen, an der es neue Abfälle und Mist gibt. Nach ca. drei bis sechs Monaten wird die erste Schwade bereit für die Ernte sein und Sie können diese Erde nun nutzen und verkaufen.

2. Erhöhtes Durchflusssystem

Ein erhöhtes System besteht einfach aus erhöhten Wurmbeeten. Hierbei macht man sich die Tatsache zunutze, dass die Würmer es im Allgemeinen vorziehen, näher an der Erdoberfläche zu sein. Gleichzeitig sind sie auch näher an der frischen Nahrungsquelle, wodurch eine höhere Konzentration ihrer Exkremente zurückbleibt. Ein erhöhtes Durchflusssystem besteht somit aus großen Wurmbeeten mit Gittern am Boden. Sie platzieren die organischen Abfälle und Dung oben auf den Beeten, die die Würmer anschließend abbauen.

Nach einer anfänglichen Vorbereitungsphase können Sie nun jeden Tag Vermikompost ernten, da dieser durch die Ritzen unterhalb der Beete fällt. Eine Stange am Boden des Beetes hilft Ihnen dabei, die Erde leichter umzupflügen und Sie können auf diese Weise den Kompost leichter nach unten bewegen. Die Würmer bleiben im Allgemeinen an der Oberfläche, es kann jedoch sein, dass sich einige Würmer nach unten bewegen.

Dieses System wird am besten in Innenräumen eingesetzt und ist eine gute Option bei warmem Wetter.

Kompostwürmer können täglich ihr eigenes Körpergewicht fressen.

-Ed Hubbard-

8

VERMIKOMPOSTIERUNG

Wir haben uns bereits in einem früheren Kapitel kurz mit dem Thema Vermikompostierung befasst. Dieser Begriff beschreibt den gesamten Prozess der organischen Kompostierung mit Würmern. Durch diesen Prozess der Verwertung natürlicher Lebensmittelabfälle mit Hilfe Ihrer Wurmfarm erhalten Sie die beste Erde. Durch die Nährstoffe, die in den Boden gelangen, erhalten Sie den besten Dünger, den Sie sich vorstellen können.

Rote Erdwürmer gehören zu den beliebtesten Würmern für die Vermikompostierung. Sie kommen in Europa und den Vereinigten Staaten vor. Rote Erdwürmer sind hervorragend darin, Lebensmittelabfälle zu Kompost- und Misthaufen zu verwerten.

> *Welche Elemente und Eigenschaften spielen nun bei diesem Prozess eine Rolle?*

Vermikompost enthält eine Menge Mikroorganismen, das sind mikroskopisch kleine Organismen. Dazu gehören winzige lebende Organismen wie Bakterien, Pilze und andere. Sie tragen dazu bei, dass Nährstoffe im Boden abgebaut werden und wandeln diese so um, dass Pflanzen sie nutzen können. Vermikompost enthält auch eine Menge "Schleim".

Der Schleim ist schön klebrig, wodurch die Nährstoffe im Boden haften bleiben. Ohne den Schleim würde der Regen diese Nährstoffe wegspülen. Dies ist auch der Grund, warum Vermikompost die Feuchtigkeit so gut speichert. Alles in allem lieben Pflanzen diese Erdeigenschaften, da sie darin sehr gut wachsen und gedeihen. Es kommt häufig vor, dass kleine Samen aus Ihrem organischen Abfall wachsen. Dies bedeutet, dass Tomaten und Auberginen innerhalb weniger Wochen wachsen werden.

Die Nutzung von Vermikompost bietet Ihnen die folgenden Vorteile:

- Nährstoffhaltige Erde
- Hervorragende Wasserspeicherung
- Verbessertes Wurzelwachstum
- Verbesserte Struktur

- Besseres Aussehen bei Obst, Gemüse und anderen Pflanzen

Wie können wir also diesen nährstoffreichen Boden für unsere Pflanzen bekommen?

Es dauert ungefähr fünf bis sieben Monate, bis Sie Ihren Wurmkompost zum ersten Mal "ernten" können. Nach dieser ersten Kompostierungsperiode beschleunigt sich der Prozess und Sie können jeden Monat etwas Kompost ernten. Die Menge, die Sie ernten können, hängt von der Größe Ihrer Farm und der Anzahl der Würmer ab.

Sie ernten den Kompost, indem Sie einfach die Wurmexkremente (das nährstoffreiche „schwarze Gold") aus Ihrer Farm entnehmen, ohne dabei jedoch die Würmer zu entnehmen. Der effizienteste Weg, um dies zu tun, hängt davon ab, wie Ihre Farm gestaltet ist.

Lassen Sie uns einige der gebräuchlichsten Methoden untersuchen, wie Sie an den Kompost gelangen können …

Natürliche Wurmverlagerungstechniken

Die beliebteste und gebräuchlichste Art, um an Ihren Kompost zu gelangen, besteht darin, Ihre Würmer dazu zu bringen, sich zu bewegen. Wenn Ihre Farm in einem kontinuierlichen Flusssystem (vertikal oder horizontal) angeordnet ist, dann haben Sie sich diesen Prozess bereits vereinfacht. In diesen Systemen werden Ihre Würmer versuchen, stets in Richtung der Nahrung zu wandern. Dies bedeutet, dass sie sich auf natürliche Weise von einer Stelle der Wurmfarm entfernen, die bereit zur Ernte ist.

Wenn das von Ihnen verwendete System nicht in mehrere unterschiedliche Bereiche unterteilt ist, können Sie Ihre Würmer dennoch dazu bewegen, woanders hinzukriechen. Sammeln Sie alle Abfälle ein, die noch nicht kompostiert wurden und platzieren Sie sie an einer bestimmten Stelle. Platzieren Sie Ihre gesamten frischen Lebensmittelabfälle nur an der Stelle, wohin sich die Würmer bewegen sollen. Abhängig von der Größe Ihrer Farm sind Ihre Würmer in ca. einer bis vier Wochen zu dieser Stelle hingewandert. Jetzt können Sie wurmfreie Erde ernten.

*Tipp der Brothers Green: Es ist normal, dass Sie in der Erde, die Sie ernten möchten, dennoch einige Würmer finden werden. Legen Sie diese Würmer einfach zurück in Ihre Farm und platzieren Sie sich zusammen mit Ihrem natürlichen Pflanzendünger im Garten. Stellen Sie sicher, dass der Boden, den Sie ernten, nicht zu viele Würmer enthält. Sie brauchen noch genügend Würmer für Ihre Farm.

Lichtverlagerungstechnik

Würmer hassen Licht und einige Wurmzüchter nutzen dies zu ihrem Vorteil, wenn sie die Wurmexkremente ernten wollen. Sie können künstliches Licht auf eine bestimmte Stelle innerhalb Ihrer Farm richten. Das führt dazu, dass sich die Würmer tiefer in die Erde eingraben oder an Stellen kriechen, die dunkel sind. Auf diese Weise erhalten Sie schnell eine Stelle innerhalb Ihrer Farm, die größtenteils wurmfrei und zur Ernte bereit ist.

Bitte seien Sie vorsichtig mit dieser Technik. Setzen Sie Ihre Würmer niemals übermäßiger Hitze aus. Es besteht die Gefahr, dass Ihre Würmer austrocknen und sterben. Wenn Sie zu viel Licht verwenden, kann dies auch Ihre Farm austrocknen und den Feuchtigkeitshaushalt beeinträchtigen.

Manuelle Technik

Dies ist die einfachste Technik beim Ernten. Sie können möglicherweise bereits erahnen, wie diese Methode funktioniert. Hierbei müssen Sie sich die Hände „schmutzig" machen. Graben Sie einfach mit Ihren Händen eine Handvoll Vermikompost aus. Und das war es im Grunde genommen auch schon. Sie können die Würmer entweder aus der Erde entfernen oder einfach die gesamte Ernte mitsamt den Würmern in Ihrem Garten verstreuen.

Es ist auch möglich, aus Wurmkompost einen sogenannten "Wurmtee" herzustellen. In Kombination mit Wasser wird aus Wurmkompost ein großartiger Flüssigdünger. Wurmtee ist das flüssige Konzentrat von Vermikompost. Im Wesentlichen werden alle Mineralien und Nährstoffe aus dem festen Kompost extrahiert und in den „Tee" übertragen. Dieser Wurmtee bietet dieselben Vorteile, jedoch in konzentrierter Form. Wir werden in Kapitel 11 näher auf das Thema Wurmtee eingehen.

Würmer verbessern die Fähigkeit des Bodens, Wasser zu speichern.

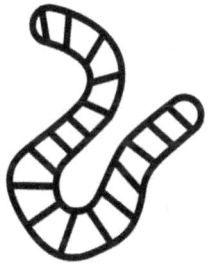

-Peter Rutherford-

9

KONTROLLE DER POPULATION

Würmer sind Zwitter. Dies bedeutet, dass jeder Wurm sowohl die männlichen als auch die weiblichen Fortpflanzungsorgane in sich trägt. Wie Sie sich vorstellen können, macht diese Tatsache die Fortpflanzung sehr effizient und sichert das Überleben der Art. Wenn die Bedingungen in einer Wurmfarm gesund und ausgewogen sind, verdoppelt sich die Wurmpopulation meist alle 60 Tage.

Wenn Würmer geschlechtsreif sind, bilden sie einen langgestreckten Knollenabschnitt auf ihrem Körper aus.

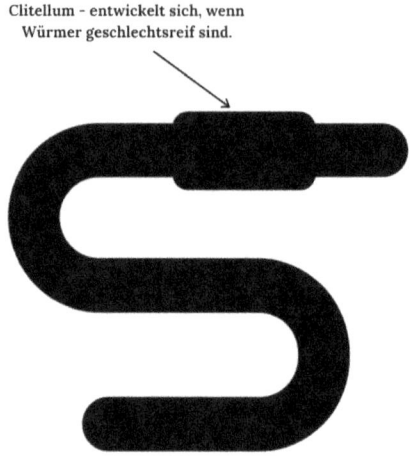

Clitellum - entwickelt sich, wenn Würmer geschlechtsreif sind.

Nachdem sich diese Struktur entwickelt hat, können Würmer jede Woche zwei bis drei Wurmeier produzieren. Es dauert ungefähr elf Wochen, bis die Eier schlüpfen. Rotwürmer werden im Alter von ungefähr drei Monaten geschlechtsreif. In gesunden Umgebungen explodieren die Populationen regelrecht.

Kann es nicht sein, dass bei einem solch rasanten Populationswachstum meine Farm regelrecht von Würmern überbevölkert wird?

Würmer sind relativ gut darin, ihre Population zu beschränken. Sie passen sich ihrer Umgebung an und ab einem bestimmten Punkt wird das Bevölkerungswachstum der Würmer gestoppt und bleibt auf einem konstanten Niveau.

Die Wurmpopulation wird durch drei Hauptfaktoren gesteuert:

1. Verfügbarkeit von Lebensmitteln

Wenn Würmer regelmäßig in einem geschlossenen Raum gefüttert werden, nehmen sie eine bestimmte Menge an Nährstoffen auf. Da die Fortpflanzung Platz benötigt, haben mehr Würmer Schwierigkeiten, Nahrung zu bekommen. Aus diesem Grund muss es mehr Nahrung geben.

2. Platzbedarf

Der zur Verfügung stehende Platz spielt eine große Rolle bei der Wurmpopulation. Mit zunehmender Menge an Würmern und Nahrungsmitteln wird auch mehr Platz benötigt. Es ist üblich, dass die Wurmzüchter die Erde häufiger ernten müssen, wenn die Wurmpopulation wächst. Dadurch bleibt alles in Bewegung.

3. Umwelt

Wenn es in einer Wurmfarm zu viele Würmer gibt, dann besteht die Gefahr, dass die Umwelt giftig wird. Das Wasser fließt dann nicht mehr richtig ab und die Würmer wollen sich an anderen Stellen niederlassen.

All dies führt dazu, dass sich eine Wurmpopulation anpasst und entweder zu- oder abnimmt. Sobald die Würmer in Ihrer Farm die Zeit hatten, sich an ihre Umgebung zu gewöhnen, werden sie ihre Population regulieren.

Würmer haben 5 Herzen.

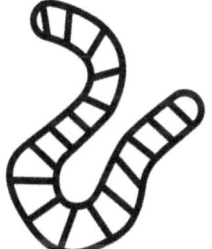

-Journeynorth.org-

10

PROBLEME UND PROBLEMBEHEBUNG

Die Wurmzucht ist im Allgemeinen eine wenig intensive Angelegenheit. Die Würmer erledigen den größten Teil der Arbeit. Diese besteht allerdings nur aus Fressen, Ausscheiden und Vermehren. Es kann jedoch einige Probleme geben, die auch bei Ihrer Farm auftreten können. Einige Wurmzüchter haben Probleme mit schlechten Gerüchen, Insekteninvasionen oder dass Würmer ausbrechen. Ich werde Ihnen nachfolgend nicht nur Lösungen vorschlagen, sondern Ihnen auch erklären, wodurch diese Probleme verursacht werden.

Fruchtfliegen, Insekten und andere Schädlinge

Ursache

Es kommt häufig vor, dass Fruchtfliegen Ihre Wurmfarm bevölkern. Dies ist normalerweise der Fall, wenn Sie zu viele Abfälle hinzugefügt haben oder wenn zu viele Speisereste frei herumliegen. Je mehr Lebensmittel verfügbar sind, desto größer ist die Wahrscheinlichkeit, dass Fliegen und Insekten davon angezogen werden.

Auch Ameisen finden manchmal ihren Weg in Ihre Wurmfarm. Neben freiliegenden Nahrungsmitteln können die Ameisen auch von trockenem Boden im Inneren der Wurmfarm angezogen werden.

In Kapitel 5 haben wir uns angesehen, was Sie in einer Wurmfarm platzieren sollten und was nicht. Oft legen

Wurmzüchter versehentlich Fleischreste in ihre Behälter. Dies kann Insekten und Maden anziehen.

Einige Wurmfarmer haben ihre Farm im Freien. Dadurch können andere Schädlinge wie Nagetiere von kompostierbaren Abfällen angezogen werden. Ratten, Mäuse und andere kleine Tiere können möglicherweise ihren Weg in Ihre Farm finden und versuchen, die Lebensmittelabfälle zu stibitzen.

Mögliche Lösungen

Ihre Wurmfarm sollte mit einem dichten Deckel verschließbar sein. Dies verhindert, dass Schädlinge eindringen und Kontaminationen verursachen können. Um Fruchtfliegen zu stoppen, sollten Sie Ihre Lebensmittelreste eingraben und eine Fliegenfalle in der Nähe aufstellen. Ich empfehle Ihnen zudem, weniger Lebensmittel in der Farm zu platzieren. Dies verkürzt die Zeit, in der Insekten und anderen Schädlingen offen Nahrung zur Verfügung steht.

Wenn Sie eine Ameisenplage haben, dann empfehle ich Ihnen, etwas Wasser und Kalk in den Boden zu gießen. Dadurch wird der Boden feuchter und Ameisen werden abgeschreckt. Ein weiterer Tipp ist, ein wenig Vaseline um Ihre Farm herum aufzutragen. Dies verhindert, dass die Ameisen in die Wurmfarm hineinklettern können.

Maden sind ein seltenes Problem, da Sie Ihren Würmern keine Fleischreste zu fressen geben sollten. Wenn Sie doch Maden entdecken, dann entfernen Sie die Fleischabfälle und legen Sie ein in Milch getränktes Stück Brot hinein. Die Maden bleiben am Brot haften. Auf diese Weise können Sie sie leichter entfernen.

Wenn Sie Nagetiere in Ihrer Farm auffinden, dann müssen dieselben eben genannten vorbeugenden Maßnahmen ergriffen werden. Ein verschließbarer Behälter kann gemeinsam mit einer Reduktion der Beigabe von Lebensmittelabfällen dabei helfen, diesem Problem zu begegnen. Alle Essensreste sollten mit Einstreu bedeckt sein. Wenn das Problem weiterhin besteht, ist die einzige verbleibende Option möglicherweise, die Farm nach drinnen zu verlegen.

Die Farm riecht schlecht

Ursache

Genauso wie zu viele und freiliegende Lebensmittelreste Insekten anziehen können, können diese auch unangenehme Gerüche hervorrufen. Wenn die Lebensmittelreste zu lange im Freien gelassen wurden, weil ihre Menge zu groß ist, um von den Würmern rechtzeitig kompostiert zu werden, dann beginnt Ihre Farm zu faulen und zu stinken.

Eine andere mögliche Ursache für üble Gerüche ist, wenn Ihre Wurmfarm zu viel Wasser enthält und das Wasser nicht richtig ablaufen kann. Es ist möglich, dass die Belüftung nicht richtig funktioniert, da zu viel Feuchtigkeit vorhanden ist.

Mögliche Lösungen

Schlechte Gerüche können behoben werden, indem Sie weniger Lebensmittelreste hinzufügen und diese mit reichlich Einstreu bedecken. Freiliegende Lebensmittel ziehen oft Insekten an und sorgen zudem manchmal für üble Gerüche.

Wenn die Farm zu nass ist, können Sie versuchen, das überschüssige Wasser abzulassen. Einige Besitzer fügen ihrem Behälter mehr Abflusslöcher hinzu. Ich empfehle auch, trockene Einstreu hinzuzufügen. Dies wird dazu beitragen, einen Großteil der überschüssigen Feuchtigkeit aufzunehmen und unangenehme Gerüche zu stoppen.

Möglicherweise haben Sie versehentlich einige Essensreste in die Farm gelegt, die dafür nicht geeignet sind. Zu viele Bananenschalen, Milchprodukte und Fleisch lassen schnell üble Gerüche entstehen. Entfernen Sie einfach die stinkenden Lebensmittelreste und mischen Sie frische Einstreu hinzu.

<u>Die Farm ist zu nass oder zu trocken</u>

Ursache

Einer der wichtigsten Aspekte der Wurmzucht ist der richtige Feuchtigkeitsgehalt. Um eine optimale Farm zu haben, muss ein ausgewogenes Verhältnis zwischen Nässe und Trockenheit bestehen. Eine Farm, die zu nass ist, riecht schlecht und kann Ihre Würmer "ertränken". Eine zu trockene Farm zieht Schädlinge an und kann ebenfalls Ihre Würmer töten.

. . .

Nasse Farmen:

Eine Wurmfarm ist normalerweise deswegen zu nass, weil das Wasser nicht richtig abfließen und die Feuchtigkeit nicht entweichen kann. Es kann aber auch an zu vielen Lebensmittelresten liegen. Wenn Sie zu viele feuchte Lebensmittelabfälle hinzufügen und die Würmer nicht mit der Kompostierung nachkommen, dann kann es sein, dass Ihre Farm zu nass wird. Eine weitere Möglichkeit besteht darin, dass die Belüftung nicht ordentlich funktioniert. Die Farm kann zu kompakt aufgebaut sein, sodass Luft nicht zirkulieren und Feuchtigkeit nicht entweichen kann.

Trockene Farmen:

Am anderen Ende des Spektrums befinden sich Wurmfarmen, die zu trocken sind. Dies liegt normalerweise an zu viel trockenem Einstreu, welches zu viel Feuchtigkeit aufnimmt. Auch auch eine zu großzügige Belüftung kann die Ursache für eine zu trockene Wurmfarm sein, ähnlich wie beim Aufhängen von Kleidung zum Trocknen. Wir hängen unsere Kleidung so auf, sodass sie "atmen" kann und dadurch schneller trocknet. Wenn durch Ihre Farm zu viel Luft strömt, trocknet diese ebenfalls aus.

Mögliche Lösungen

Der Feuchtigkeitsgehalt hängt von vielen Faktoren ab. Die Region, in der Sie wohnen und wo sich Ihre Farm befindet, kann eine Rolle spielen. Hier sind meine Empfehlungen, wenn Ihre Farm ...

... zu feucht ist:

Fügen Sie weitere Abfluss- und Belüftungslöcher hinzu. Dadurch kann mehr Luft durch Ihre Farm strömen und die Feuchtigkeit kann besser entweichen. Es kann auch hilfreich sein, mehr trockene Einstreu hinzuzufügen. Die Einstreu nimmt viel überschüssige Flüssigkeit auf. Wenn überschüssige Feuchtigkeit durch zu viele Lebensmittel verursacht wird, stellen Sie sicher, dass Sie die Würmer weniger füttern.

... zu trocken ist:

Fügen Sie etwas Wasser zur Farm hinzu, indem Sie sie mit einer Sprühwasserflasche besprühen. Ich finde es hilfreich, eine feuchte Zeitung oben auf die Farm zu legen, nachdem ich die Farm leicht gegossen habe. Die Zeitung dient dann als eine Art "Feuchtigkeitsdecke".

Die Würmer verlassen die Farm oder sterben

Ursache

Es ist sehr selten, dass Ihre Würmer versuchen, die Farm zu verlassen. Sie lieben es, in dunklen, feuchten Gebieten zu sein und dies sind die Bedingungen Ihrer Farm. Außerhalb der Farm ist es hell und trocken. Das bedeutet, dass die Bedingungen innerhalb Ihrer Farm ziemlich schlecht sein müssen, wenn Ihre Würmer die Farm verlassen wollen.

***Hinweis der Brothers Green:** Es besteht kein Grund zur Panik, wenn ein paar Würmer von Ihrer Farm entkommen. Es ist normal, dass einige Würmer verschwinden.

Würmer wollen die Farm verlassen, wenn es ihnen zu heiß oder zu kalt wird. Würmer sterben, wenn sie Temperaturen von über 30 Grad Celsius oder unter 12 Grad Celsius ausgesetzt sind. Es ist wichtig, die Temperatur in Ihrer Farm während der Sommer- und Wintermonate im Auge zu behalten. Wenn Sie beobachten, dass immer mehr Würmer verschwinden wollen, dann kann dies auf für Würmer unangenehme Temperaturen zurückzuführen sein.

Würmer suchen sich auch ein neues Plätzchen, wenn die Population für die Farm zu groß geworden ist oder wenn nicht genug Nahrung vorhanden ist. Laut Experten wollen Würmer von Ihrer Farm flüchten, wenn sie länger als vier Wochen zu wenig zu fressen bekommen haben. Wenn die Farm zu voll ist, ist es normal, dass die Würmer nach neuen Gebieten Ausschau halten.

Ein häufiger Anfängerfehler, den viele Wurmzüchter machen, besteht darin, zu viele nicht-biologische Lebensmittel in der Farm zu platzieren. Diese Lebensmittelreste können Pestizide und andere schädliche Stoffe enthalten, die die Würmer töten können. Wenn Ihre Würmer das überleben, dann werden sie versuchen, von Ihrer Farm zu entkommen. Dies kann auch passieren, wenn Ihre Farm zu viele Abfälle enthält, die Würmer nicht mögen. Zitrusfrüchte, Knoblauch, Zwiebeln und andere Abfälle mit starken Aromen oder Gerüchen führen dazu, dass die Würmer fliehen möchten.

. . .

Mögliche Lösungen

In einer solchen Situation müssen Sie herausfinden, warum Ihre Würmer sterben oder die Farm verlassen wollen und dann die Bedingungen in der Farm korrigieren. Wenn es zu heiß ist, versuchen Sie, den Behälter an einen kühleren Ort zu stellen (in einen Raum mit einer Klimaanlage oder in einen kühlen Keller). Wenn sich Ihre Farm im Inneren befindet, dann ist es eher unwahrscheinlich, dass es den Würmern zu kalt wird. Wenn Sie die Farm wärmer machen müssen, dann wickeln einige Züchter Decken um den Behälter.

*Hinweis der Brothers Green: Damit sich Ihre Würmer tief in die Erde eingraben, können Sie einen Lichtstrahl auf die Erdoberfläche richten. Würmer hassen Licht und graben sich tiefer in die Erde ein. Dies kann hilfreich sein, wenn Würmer versehentlich an die Erdoberfläche gelangen.

❝

Würmer können sich regenerieren.
Wenn Sie einen Wurm durchschneiden,
dann wächst dieser Teil manchmal
wieder nach. Dies hängt davon ab, wo
Sie den Wurm durchgeschnitten haben.
In dieser Hinsicht sind Würmer wie
Eidechsen, die sich einen neuen
Schwanz wachsen lassen können und
Seesterne, die sich ebenfalls einen
neuen Arm wachsen lassen können.

-Uncle Jim-

11

KOMPOSTIERUNG UND KOMPOSTTEE

Mein Fokus in diesem Buch liegt speziell auf der Wurmzucht. Ich verstehe, dass einige Leser durch den Gedanken abgeschreckt sein könnten, Hunderte oder sogar Tausende Würmer zu besitzen. Es ist nicht einfach, sich um so viele Würmer kümmern zu müssen und dies kann sogar für einige Menschen abschreckend wirken. Aus diesem Grund wollte ich Ihnen eine kleine Einführung geben, wie Sie ohne Würmer kompostieren können. Dies dauert zwar etwas länger, hat jedoch ebenfalls viele Vorteile.

Die Vorteile der Kompostierung sind jenen der Wurmzucht sehr ähnlich, die Kompostierung erfordert jedoch nicht dieselbe Verantwortung. Zu den Vorzügen zählen:

- Reduzierter Abfall auf Deponien
- Reduzierte Methanemissionen aus Deponien
- Angereicherter Boden

- Reduzierter Bedarf an schädlichen chemischen Düngemitteln

Die Kompostierung erfolgt in der Regel im Freien, sie ist jedoch auch in Innenräumen möglich. Ihr Komposthaufen besteht aus drei Dingen. Braunabfälle, Grünabfälle und Wasser.

Braunabfälle

Braunabfälle sind totes organisches Material wie Äste, Zweige und tote Blätter.

Grünabfälle

Grünabfälle sind organische Abfälle und Lebensmittelreste. Es handelt sich hierbei um pflanzliche Abfälle, Obstreste, Grasabfälle, Kaffeesatz und Teebeutel.

Wasser

Ähnlich wie Ihre Wurmfarm die richtige Menge an Feuchtigkeit benötigt, so gilt dies auch für einen normalen Komposthaufen.

. . .

Es ist am besten, einen schattigen, trockenen Platz zu finden, um dort Ihren Komposthaufen anzulegen. Als Nächstes machen Sie mit den oben genannten Grün- und Braunabfällen einen Haufen. Sie müssen den Haufen regelmäßig mischen, wenden und gießen. Mit der Zeit, wenn Sie mehr Grün- und Braunabfälle hinzugefügt haben, werden Sie feststellen, dass sich das Material am Boden in dunklen und nährstoffreichen Erdboden verwandelt hat. Dieser Boden kann dann als Pflanzendünger verwendet werden. Der Prozess kann zwischen drei Monaten und einigen Jahren dauern.

Komposttee und Wurmtee

Komposttee wird von vielen Gärtnern als "flüssiges Gold" angesehen. Komposttee ist ein starker natürlicher Dünger, der zur Züchtung hochwertiger Pflanzen, Gemüse- und Obstpflanzen beiträgt. Der "Tee" ist voll von Nährstoffen und Mineralien, die Pflanzen grünere Blätter, größere Blüten und gesündere Früchte verleihen. Mit einer Wurmfarm und einem Komposthaufen können Sie diesen speziellen „Saft" herstellen.

Dies ist eine einfache Methode, um Komposttee herzustellen:

1. Füllen Sie einen Eimer mit hochwertigem fertigem Kompost auf etwa einem Drittel seiner Größe. Dieser kann entweder von Ihrer Wurmfarm oder von Ihrem Komposthaufen stammen.

2. Gießen Sie Wasser in den Eimer.

3. Lassen Sie die Mischung ca. vier Tage ruhen und rühren Sie sie ab und zu um.

4. Sieben Sie die Mischung durch ein altes Hemd oder einen anderen Stoff in einen anderen Eimer. Sie können die verbleibende feste Erde wieder in Ihre Wurmfarm oder Ihren Komposthaufen legen.

5. Verdünnen Sie Ihren "Tee" mit Wasser, sodass er die Farbe von einem wässrigen Tee bekommt. Jetzt ist er gebrauchsfertig und Sie können Ihre Pflanzen mit dem flüssigen Gold gießen.

Würmer haben weder Augen noch Ohren, sondern "Rezeptorenzellen", die Licht und Vibrationen erfassen können.

-Journeynorth.org-

12

WURMZUCHT ALS UNTERNEHMEN

Eine Wurmfarm anzulegen und sich darum zu kümmern macht eine Menge Spaß. Viele Hobbywurmzüchter beginnen dieses Hobby aus Spaß und aus Umweltgründen und legen sich damit einen Nebenjob zu. Dieses Hobby wird leicht zu einer echten Leidenschaft und kann eine großartige Möglichkeit sein, um sich etwas Geld hinzuzuverdienen oder, abhängig von Ihren Zielen, ein vollwertiges Unternehmen zu entwickeln.

Was sind also Ihre ersten Schritte?

In diesem Kapitel werde ich Ihnen erklären, wie Sie ein Wurmzucht-Unternehmen gründen können. Mein Ziel ist es, Ihnen einen guten allgemeinen Leitfaden für den Einstieg in dieses Geschäftsfeld zu geben. Mein Ziel ist es jedoch nicht, Sie mit einem komplexen Geschäftsplan zu überfordern, sondern Ihnen umsetzbare Schritte an die Hand zu geben, damit Sie hoffentlich erfolgreich werden. Bitte beachten Sie jedoch, dass ich kein Finanz- oder Unternehmensexperte bin. Ich nutze meine eigenen Erfahrungen und Recherchen, um Ihnen den bestmöglichen Rat zu geben. Bitte halten Sie jedoch mit den entsprechenden Experten Rücksprache, bevor Sie ein Unternehmen gründen.

Bevor Sie beginnen

Es ist am besten, ein umfassendes Verständnis der Wurmzucht zu haben, bevor Sie ein Unternehmen gründen. Ich empfehle Ihnen, dieses Hobby zunächst einige Zeit lang auszuprobieren und zu üben. Es ist wichtig, dass Sie Ihre Wurmfarm korrekt einrichten und Erfahrung mit den Dingen bekommen, die möglicherweise schief gehen können. Natürlich werden immer noch unvorhergesehene Probleme auftreten, doch dann haben Sie eine gute allgemeine Vorstellung davon, was Sie erwartet und wie Sie reagieren müssen.

Es ist gut, als Wurmzüchter alle Jahreszeiten und die damit verbundenen klimatischen Änderungen erlebt zu haben. Auf diese Weise können Sie Ihr Unternehmen am besten vorbereiten. Ihr Selbstvertrauen wird wachsen und Sie können sich dann wirklich als Vermikultur-Experte bezeichnen.

Sie haben die Erfahrung und wissen genau, wie schnell Ihre Wurmpopulation wachsen kann. Sie wissen, wie Sie den richtigen Feuchtigkeitsgehalt aufrechterhalten. Sie wissen, wie viel Vermikompost Sie erzeugen können. Dies und mehr sind alles wichtige Dinge, die Sie wissen müssen, wenn Sie dieses Hobby in ein Geschäft verwandeln möchten. Auch Ihre Kunden werden von Ihrem Wissen profitieren. Sie haben ein gutes Gefühl, bei Ihnen zu kaufen, da Sie genau wissen, wovon Sie sprechen.

Machen Sie einen Plan

Nachdem Sie Ihre Erfahrungen gesammelt haben, ist es Zeit, die Blaupause festzulegen. Meine Empfehlung hier lautet, für sich selbst Folgendes klar zu definieren:

1. Warum möchte ich das Unternehmen gründen?

und

2. Welche Ziele habe ich?

Möglicherweise möchten Sie ein Unternehmen gründen, um die Umwelt zu schützen. Vielleicht wollen Sie mehr Geld für Familienurlaube oder für die Familienkassen haben. Vielleicht möchten Sie ein riesiges Unternehmen aufbauen, das die Art und Weise verändert, wie Menschen ihren Dünger kaufen. Es gibt keine falsche Antwort, doch es ist wichtig, dies klar zu definieren, bevor Sie beginnen.

Sobald Sie Ihr "Warum" kennen und Ihre Ziele haben, können Sie einen Plan erstellen. Selbst wenn Ihre Ziele überschaubar sind und Sie nur einen kleinen Nebenverdienst haben wollen, ist es dennoch eine gute Idee, einen Geschäftsplan zu erstellen. Ein solcher Geschäftsplan zwingt Sie dazu, kritische Aspekte klar zu beleuchten wie: Welche Vorräte benötige ich und wie viel Platz benötige ich dafür?

Ich empfehle Ihnen, Folgendes zu beachten:

- **Vorräte** - Behälter | Einstreu| Lebensmittel und Bioabfälle | Werkzeuge
- **Platz** - Drinnen | Im Freien | Anmieten von zusätzlichen Räumlichkeiten
- **Team** - Werden Sie alleine arbeiten oder ein Team aufbauen?
- **Ihr Angebot** - Was möchten Sie anbieten? Vermikompost, Würmer, Komposttee oder eine Kombination?
- **Finanzen** - Bewerten Sie Ihre Finanzen. Berücksichtigen Sie Ihre Ausgaben und Ihre potenziellen Gewinne.

Es ist wichtig, alle Kosten für die Gründung eines Unternehmens zu berücksichtigen. Die Wurmzucht ist eine relativ billige Angelegenheit, doch je nachdem, auf welchem Niveau Sie arbeiten möchten, fallen Kosten an. Ich schätze meine Kosten immer großzügig ein. Oft entstehen unvorhergesehene Ausgaben, die durch ein Budget mit ein wenig Puffer ausgeglichen werden.

Rechtsform

Die Rechtsform ist unglaublich wichtig, wenn man ein Unternehmen gründen möchte. Es wirkt sich auf viele Bereiche aus, reichend von der Haftung falls etwas schief geht bis zur Art Ihrer Steuererklärung. Es ist wichtig, dass Sie bei diesem Punkt mit entsprechenden Steuerexperten Rücksprache halten. Je nachdem, wo Sie wohnen, benötigen Sie eine gültige Geschäftslizenz. Es kann auch erforderlich sein, bestimmte Anforderungen zu erfüllen oder eine Genehmigung zum Verkauf von Würmern und Düngemitteln zu haben. Es sollte relativ einfach sein, sich mit einem Fachmann zu treffen und diese Optionen zu besprechen.

Es gibt im Allgemeinen zwei Geschäftsstrukturen, mit denen die meisten Wurmzüchter beginnen.

1. Einzelunternehmen oder Partnerschaft

Wenn Sie vorhaben, das gesamte Unternehmen selbst zu besitzen und für alle Schulden und Verpflichtungen verantwortlich zu sein, dann ist die einfachste Struktur ein Einzelunternehmen. Das Hauptrisiko bei dieser Unternehmensform besteht darin, dass Sie persönlich haften, wenn etwas schief geht. Jemand kann Sie direkt verklagen und nicht das Unternehmen. Es ist jedoch sehr einfach, eine solche Struktur zu organisieren. Sie können auch mit verschiedenen Versicherungsunternehmen Rücksprache halten, die Ihnen dabei helfen können, sich zu versichern und das Risiko zu begrenzen.

Eine Partnerschaft hat dieselben Merkmale wie ein Einzelunternehmen, die Vermögenswerte und Schulden sind jedoch auf zwei oder mehr Teile aufgeteilt. Dies kann hilfreich sein, da Sie nicht alleine arbeiten müssen und einen Geschäftspartner mit zusätzlichen Fähigkeiten finden können.

2. Gesellschaft mit beschränkter Haftung (GmbH)

Die andere häufige Struktur für kleine Unternehmen ist eine GmbH. Diese Rechtsform profitiert von denselben Steuervorteilen wie die Personengesellschaft oder das Einzelunternehmen, Sie haften jedoch nicht mehr persönlich.

Die Struktur Ihres Unternehmens hängt davon ab, wie Sie es betreiben möchten. Beraten Sie sich mit einem Fachmann hinsichtlich Ihrer Ziele und Visionen und er wird Ihnen die besten verfügbaren Optionen darlegen.

Marketing und Werbung

Nachdem Sie Ihre Dienstleistungen und Produkte eingerichtet haben, ist es an der Zeit, Kunden zu gewinnen.

Leider kann dies eine ziemlich herausfordernde Aufgabe sein. Nur weil Sie ein großartiges Produkt haben, heißt das nicht, dass die Kunden bei Ihnen Schlange stehen werden. Im Folgenden sind einige Möglichkeiten aufgeführt, wie Sie mit Werbung für Ihr Unternehmen beginnen können. Einige sind kostenlos oder erfordern nur geringe Investitionen. Wenn Sie Ihr Geschäft ausbauen möchten, ist es wichtig, diese Kosten als Investition zu betrachten.

Mundpropaganda

Wenn die Leute nicht wissen, dass Sie ein Produkt verkaufen, können sie es auch nicht in Betracht ziehen, es zu kaufen. Ich empfehle Ihnen, Ihren Freunden und Familienangehörigen zu sagen, dass Ihre Wurmfarm ab sofort geöffnet ist! Menschen unterschätzen oft, wie hilfreich ihre Freunde und Familienangehörigen sein können. Einige von ihnen werden nicht nur für ihren eigenen Garten bei Ihnen einkaufen, sondern werden auch ihren Freunden davon berichten. Viele Menschen unterstützen gerne kleine Betriebe. Stellen Sie sicher, dass die Leute wissen, was Sie anbieten und erklären Sie ihnen die Vorteile. Sie können einfache Visitenkarten erstellen und diese verteilen, wenn Sie über Ihre Wurmfarm sprechen.

Flyer

Dies ist eine einfache und kostengünstige Möglichkeit, für die Produkte zu werben, die Ihre Farm zu bieten hat.

Erstellen Sie ein einfaches Design, das die Vorteile des Kaufs bei Ihnen erklärt und drucken Sie die Flyer zu Hause aus. Verteilen Sie sie bei verschiedenen Veranstaltungen, bei denen potenzielle Kunden anwesend sein könnten. Gemüsemärkte und Bauernmärkte sind ein guter Anfang.

Verbindungen

Verbindungen sind sehr wichtig für den Geschäftserfolg. Versuchen Sie, Beziehungen zu anderen lokalen Unternehmen, Pflanzengeschäften oder Baumschulen aufzubauen. Zeigen Sie ihnen Ihr Produkt und bieten Sie ihnen ein gutes Geschäft an, damit Ihre Produkte in diesen Läden verkauft werden. Diese Läden haben vielleicht bereits einen großen Kundenstamm, der möglicherweise an Ihrem Angebot interessiert ist. Diese Verbindungen können sich entwickeln und vielleicht können Sie eines Tages sogar eine große Kette mit Ihrem Dünger versorgen.

Internetauftritt

Wenn Ihr Unternehmen heutzutage nicht online ist, verlieren Sie viele potenzielle Kunden. Es wird sehr hilfreich sein, Social-Media-Profile auf Plattformen wie Facebook und Instagram zu erstellen. Sie können Kunden zeigen, wie cool und nützlich Ihr Unternehmen ist und sie über Ihre Produkte informieren. Auf diesen Plattformen können Sie kostenlos Werbung machen und bereits ein kleines Werbebudget kann zu großen Erfolgen führen.

Sie können auch kostenlos Online-Werbung auf Webseiten wie Craigslist schalten. Wer sein Unternehmen auf die nächste Stufe heben möchte, kann auch in Betracht ziehen, eine Webseite zu erstellen und Geld für Online-Werbung auszugeben.

Andere bezahlbare Werbemöglichkeiten

Möglicherweise haben Sie große Pläne für Ihr Wurmfarmgeschäft. In diesem Fall kann es hilfreich sein, ein Werbebudget zur Verfügung zu stellen. Sie können dann Werbung in lokalen Zeitungen, im Fernsehen und auf Werbetafeln veröffentlichen. Es gibt viele kostenpflichtige Optionen, um für Ihre Produkte und Dienstleistungen zu werben.

Es ist wichtig, nie die Freude zu verlieren und weiter am Wachstum Ihres Unternehmens zu arbeiten. Denken Sie daran, warum Sie das Unternehmen gegründet haben und befolgen Sie den von Ihnen festgelegten Plan. Ich möchte Sie ermutigen, sich nicht stressen zu lassen, wenn die Dinge nicht so laufen wie erhofft. Passen Sie einfach den Kurs an und machen Sie weiter. Einige Unternehmen brauchen länger als andere, um erfolgreich zu sein. Also haben Sie Spaß und irgendwann wird der Erfolg kommen.

Die durchschnittliche Lebensdauer eines Wurms beträgt zwei Jahre, doch sie können auch bis zu acht Jahre alt werden.

-Wormfarmguru.com-

13

TIPPS UND TRICKS ZUM ERFOLG

Wir haben uns mit verschiedenen Themen der Wurmzucht befasst. Wir haben erfahren, welche Würmer zu verwenden sind und wie sie zu füttern und zu pflegen sind. Wir haben verschiedene Anordnungsmöglichkeiten für Ihre Farm untersucht und sogar das Potenzial analysiert, ein Unternehmen zu gründen. Damit wollte ich sicherstellen, dass ich Ihnen einige allgemeine Tipps und Tricks für den erfolgreichen Betrieb Ihrer Wurmfarm zur Verfügung gestellt habe.

Mein Ziel ist es, Anfängern zu helfen und auch erfahrenen Züchtern einige nützliche neue Impulse zu geben. Die folgenden Punkte sind nicht in einer bestimmten Reihenfolge von sehr wichtig bis kaum wichtig strukturiert. Ich habe einfach meinen Gedanken freien Lauf gelassen. Es sind Dinge, die ich gerne gewusst hätte, als ich mit der Wurmzucht angefangen habe sowie Dinge, die ich auch heute noch zu berücksichtigen versuche …

... Viel Spaß bei der Lektüre!

Lage, Lage, Lage! Natürlich unterscheidet sich eine Wurmzucht stark von Immobilien, doch auch bei diesem Hobby müssen Sie den Standort berücksichtigen. Sie sollten Ihre Farm nicht an einer Stelle aufstellen, an der die Temperaturen stark schwanken oder an der es entweder zu heiß oder zu kalt ist. Würmer sind empfindlicher als wir denken und sollten sich daher nicht an einer Stelle befinden, wo es zu laut ist oder wo es zu viele Vibrationen gibt. Stellen Sie Ihre Farm an einem Ort auf, der ruhig und angenehm kühl ist.

Lebensmittelkontrolle. Behalten Sie im Auge, wie viele Lebensmittel Sie an Ihre Würmer verfüttern. Wenn die Wurmpopulation wächst, wird sie mehr Nahrung brauchen.

Feuchtigkeitsgehalt. Der Boden in Ihrer Farm sollte immer einen guten Feuchtigkeitsgehalt aufweisen. Es ist wichtig, ein angemessenes Gleichgewicht zu finden. Wenn der Boden zu nass wird, fügen Sie Zeitungspapier hinzu. Im Allgemeinen ist es besser, wenn die Farm etwas zu nass als zu trocken ist.

Populationswachstum von Würmern. Wenn die Population Ihrer Farm wächst und übermäßig groß wird, sollten Sie möglicherweise eine neue Farm anlegen. Es ist einfach, diesen Prozess zu duplizieren und die zweite Farm ebenfalls zu betreuen.

Nebeneinkommensmöglichkeiten. Wenn Sie Würmer haben, die Sie nicht benötigen, wenden Sie sich an Angler, um festzustellen, ob diese daran interessiert sind, Ihnen einige Würmer abzukaufen.

Einstreu. Legen Sie immer genügend Papier und/oder Pappe in Ihre Farm. Dadurch kann Sauerstoff zirkulieren und zu den Speiseresten gelangen.

Schlechte Gerüche. Wenn Ihre Farm schlecht riecht, versuchen Sie, die Quelle zu finden. In den meisten Fällen ist es nur erforderlich, Ihrer Farm mehr Einstreu hinzuzufügen. Es könnte aber auch sein, dass die Ursache bestimmte Stoffe sind, die sich nicht in Ihrer Farm befinden sollten.

Gleichgewicht der Nahrungsmittel. Es ist besser, weniger Nahrungsmittel für die Würmer hinzuzufügen als zu viel. Wurmzucht-Neulinge töten ihre Wurmpopulation häufig versehentlich, weil Sie zu viel verfüttern. Sie verabreichen ihren Würmern mehr Nahrung als sie verarbeiten können und dies führt zu einem Ungleichgewicht.

Vertrauen Sie dem Prozess. Lassen Sie die Wurmfarm am besten in Ruhe und öffnen Sie sie nur beim Füttern. Sicherlich wollen Sie jede Stunde nachgucken, doch dies stört die Würmer bei ihrer Arbeit. Sie lieben die Dunkelheit und ihre Privatsphäre. Licht treibt sie nur tiefer in die Erde und weg von den Essensresten. Es ist in Ordnung, den Behälter einmal pro Woche zu überprüfen, um entweder Einstreu oder Wasser hinzuzufügen. Ansonsten ist es am besten, Ihre Würmer in Ruhe zu lassen.

Tragen Sie zur Umwelt bei. Obwohl dieses Hobby für manche Menschen seltsam erscheinen mag, so möchte ich Sie dennoch ermutigen, es weiter zu verbreiten. Mit der Wurmzucht leisten Sie einen positiven Beitrag zur Umwelt. Sie werden feststellen, dass dieses Hobby nicht schwierig oder zeitaufwändig ist und große Vorteile bietet. Gehen Sie offen damit um, dass Sie eine Wurmfarm haben und zeigen Sie den Menschen, wie einfach es ist, ebenfalls eine Wurmfarm zu gründen.

Würmer sind Zwitter, was bedeutet, dass sie sowohl weibliche als auch männliche Geschlechtsorgane besitzen. Für die Fortpflanzung sind dennoch zwei Würmer nötig.

-Josh Clark-

NACHWORT

Weltweit landet etwa ein Drittel unserer Lebensmittel im Müll. Als Gesellschaft leben wir sehr verschwenderisch und dies setzt die Mülldeponien unter enormen Druck. Wie wir derzeit leben, kostet uns Energie, Nahrung und Geld. Allein die Vereinigten Staaten geben jährlich etwa 165 Milliarden Dollar für die Entsorgung von Lebensmittelabfällen aus.

Eine Wurmzucht hilft uns dabei, unseren Beitrag zu leisten. Würmer wandeln unsere organischen Abfälle in hervorragende natürliche Düngemittel um. Im Laufe dieses Buches haben wir uns angesehen, wie wir dieses Hobby am besten beginnen können. Es ist ein einfacher Prozess, der nur einen kleinen Behälter, einige Würmer, Einstreu und einige Lebensmittelabfälle erfordert.

Viele Wurmzucht-Fans gründen Clubs und verbreiten dieses Hobby weiter und einige Wurmzüchter gründen sogar Unternehmen. Mit zunehmender Nachfrage nach Vermikompost steigt der Wert dieses „schwarzen Goldes" immer weiter an. Unsere Städte werden immer größer und der verfügbare Platz wird immer weniger, weshalb wir nach Lösungen für kleinbäuerliche Landwirtschaft suchen. Dies alles führt dazu, dass Vermikompostierung für unsere Zukunft immer wichtiger und nützlicher wird.

Die Wurmzucht schafft einen Wert aus unseren Abfällen ...

Würmer sind älter als Dinosaurier.

-Wormfarmguru.com-

DANKESCHÖN

Vielen Dank, dass Sie dieses Buch gelesen haben. Ich hoffe, es hat Ihnen gefallen!

Wenn Sie die bereitgestellten Informationen nützlich fanden, würde ich mich sehr freuen, wenn Sie eine Bewertung abgeben würden. Ihre ehrliche Meinung erleichtert es anderen Lesern, eine gute Kaufentscheidung zu treffen. Sie helfen mir auch dabei, mit großen Verlagen zu konkurrieren, die über große Werbebudgets verfügen und Hunderte von Bewertungen erhalten. Vielen Dank für Ihre Unterstützung und einen schönen Tag!

14

RESSOURCEN

Abgesehen von meinem eigenen Wissen und Erfahrungen habe ich folgende hervorragende Quellen benutzt, um dieses Buch zu schreiben:

"11 Facts About Worms and Vermicomposting." *Nature's Little Recyclers*, nlrworms.com/blogs/education/12-facts-about-worms-and-vermicomposting.

"15 Amazing Worm Facts." *WormFarmGuru*, 29 Aug. 2018, wormfarmguru.com/amazing-worm-facts/.

Beans, Laura. "10 Interesting Facts About Earthworms." *EcoWatch*, EcoWatch, 1 Apr. 2019, www.ecowatch.com/10-interesting-facts-about-earthworms1881871982.html.

Chapman, Shanika. "How to Start a Worm Farm Business." *Small Business - Chron.com*, Chron.com, 26 Okt. 2016, smallbusiness.chron.com/start-worm-farm-business-39.html.

Clark, Josh. "How Earthworms Work." *HowStuffWorks*, HowStuffWorks, 16 Dez. 2011, animals.howstuffworks.com/animal-facts/earthworm3.htm.

Clark, Josh. "How Earthworms Work." *HowStuffWorks*, HowStuffWorks, 16 Dez. 2011, animals.howstuffworks.com/animal-facts/earthworm3.htm.

"Composting At Home." EPA, Environmental Protection Agency, 16 Okt. 2018, www.epa.gov/recycle/composting-home.

Conlin, Bennett. "A Step by Step Guide to Starting a Business." *Business News Daily*, 19 März 2019, www.businessnewsdaily.com/4686-how-to-start-a-business.html.

Deutsche Welle. "Earthworm Numbers Dwindle, Threatening Soil Health: DW: 30.01.2017." *DW.COM*, www.dw.com/en/earthworm-numbers-dwindle-threatening-soil-health/a-37325923-0.

"Flow-Through Vermicomposting Systems." *Worm Farming Secrets*, 7 Aug. 2009, www.wormfarmingsecrets.com/worm-beds/flow-through-vermicompostingsystems/.

"How to Harvest Worm Compost." *Worm Composting Headquarters*, www.wormcompostinghq.com/how-touse-worm-compost/how-to-harvest-worm-compost/.

"An Introduction to Worm Farming." *Foodwise*, 26 Feb. 2014, www.foodwise.com.au/an-introduction-to-worm-farming/.

Jim, Uncle. "Harvesting Worm Castings." *Uncle Jim's Worm Farm*, 20 Sept. 2018, unclejimswormfarm.com/harvesting-worm-castings/.

Jim, Uncle. "Random Worm Facts." *Uncle Jim's Worm Farm*, 29 Dez. 2015, unclejimswormfarm.com/random-worm-facts/.

Jim, Uncle. "Worm Composting Equipment." *Uncle Jim's Worm Farm*, 31 Dez. 2015, unclejimswormfarm.com/worm-composting-equipment/.

"K.I.S.S. Plan for Organic Farms, Dairies, or Other Large-Scale Operations." *Worm Windrow Method for High-Volume Vermicomposting*, www.happydranch.com/articles/Worm_Windrow_Method_For_HighVolume_Vermicomposting.htm.

McCreary, Matthew. "The Complete, 12-Step Guide to Starting a Business." *Entrepreneur*, 11 Feb. 2019, www.entrepreneur.com/article/297899.

McDowell, C. Forrest, et al. *How to Make Compost Tea*, www.homecompostingmadeeasy.com/composttea.html.

North, Journey. *Life of an Earthworm*, journeynorth.org/tm/worm/WormLife.html.

TED-Ed, director. *YouTube*. *YouTube*, YouTube, 26 Juni 2013, www.youtube.com/watch?time_continue=255&v=V8miLevRI_o.

"Try Composting in Your Apartment – with a Worm Bin." *Wasteland Rebel*, wastelandrebel.com/en/apartment-composting-with-a-worm-bin/.

"What Do Worms Eat? A Helpful Guide for Feeding Worms." *WormFarmGuru*, 29 Nov. 2018, wormfarmguru.com/feeding-worms/.

"What Exactly Is Worm Farming?" *EarthChild Project*, 28 März 2017, earthchildproject.org/what-exactly-is-worm-farming/.

"WORM FARMING." *Compost Collective*, compostcollective.org.nz/worm-farming/#what-to-feed-yourworms.

"WORM FARMING." *Compost Collective*, compostcollective.org.nz/worm-farming/.

© **Copyright 2020 - Alle Rechte vorbehalten Admore Publishing.**

ISBN: 978-3-96772-020-4

ISBN: 978-3-96772-021-1

Titelbild von Depositphotos

Die verwendeten Icons in diesem Buch wurden designt von:

- *Freepik from www.flaticon.com*
- *Canva*

Der in diesem Buch enthaltene Inhalt darf ohne direkte schriftliche Genehmigung des Autors oder Herausgebers nicht reproduziert, vervielfältigt oder übertragen werden.

Unter keinen Umständen wird dem Verlag oder Autor die Schuld oder rechtliche Verantwortung für Schäden, Wiedergutmachung oder finanziellen Verlust aufgrund der in diesem Buch enthaltenen Informationen direkt oder indirekt übertragen.

Haftungsausschluss:

Bitte beachten Sie, dass die in diesem Dokument enthaltenen Informationen nur zu Bildungs- und Unterhaltungszwecken dienen. Es wurden alle Anstrengungen unternommen, um genaue, aktuelle, zuverlässige und vollständige Informationen zu liefern. Es werden keine Garantien jeglicher Art erklärt oder impliziert.

Published by Admore Publishing: Roßbachstraße, Berlin, Germany

www.publishing.admore-marketing.com

www.ingramcontent.com/pod-product-compliance
Lightning Source LLC
LaVergne TN
LVHW012114070526
838202LV00056B/5728